Marieli **Hurtado-Graciet** & Jean **Graciet**

Sagesse & puissance de Ho'oponopono

CARTES
DE GUÉRISON HAWAÏENNE

jouvence ÉDITIONS

Éditions Jouvence
France : BP 90107 – 74161 Saint-Julien-en-Genevois Cedex
Suisse : CP 184 – 1233 Genève-Bernex
Site internet : www.editions-jouvence.com
Mail : info@editions-jouvence.com

Catalogue gratuit sur simple demande

ISBN 978-2-88911-315-6
Maquette de couverture et intérieure : Stéphanie Roze (Éd. Jouvence)
Illustrations : Marieli Hurtado-Graciet

Sommaire

Comment le jeu a été créé

Quand j'ai commencé à pratiquer Ho'oponopono, j'ai très vite compris que le plus important était de pratiquer sans arrêt. Nos mémoires sont inconscientes et elles nous dirigent sans cesse et à notre insu. Elles constituent une espèce de carapace dans laquelle nous sommes enfermés et qui occulte notre véritable nature.

Pour cette raison, au début, avant que le réflexe s'installe en moi, je cherchais tous les moyens à ma disposition pour « me rappeler » que ce qui était face à moi était bien ma création. J'essayais également de me rappeler que, ce qui me faisait percevoir les choses en tant que problèmes, n'étaient que des mémoires se manifestant à travers moi. Je voulais aussi me rappeler que c'était en sollicitant ma partie spirituelle, et grâce à son amour, que j'allais réaliser cette clarification de mon esprit.

Il me fallait un outil simple et à portée de main pour m'aider à changer cette vieille habitude de me cramponner, de m'accrocher, pour faire le choix d'un lâcher-prise permanent qui me permette de retrouver la confiance dans cette autre partie de moi que j'avais tendance à oublier.

C'est ainsi que j'ai commencé par des Post-it. J'en mis partout dans la maison. Sur l'écran de l'ordinateur, sur le réfrigérateur, sur le téléphone, à la salle de bain... avec des phrases telles que :

« Merci, je t'aime. »

« J'accepte, tout est parfait. »

« Je suis créateur. »

« Je demande à mon âme de nettoyer... »

Puis l'idée m'est venue de faire un jeu de cartes. Je me suis dit que je pouvais écrire sur chaque carte un des *principes-clés* qui constituent l'essence de Ho'oponopono et qui sont communs aux grands enseignements spirituels. Je pourrais de cette façon faire appel à elles à tout moment, et intégrer ainsi tous ces principes et cette nouvelle façon d'être dans la vie de plus en plus profondément.

Je vous souhaite beaucoup de plaisir à utiliser ces cartes. Rappelez-vous que les mémoires sont dans cette partie de nous que les Hawaïens appellent Unihipili, qui veut dire « enfant ». Et plus vous ferez ce nettoyage dans la légèreté, plus cet enfant se sentira en confiance et acceptera de lâcher avec facilité.

Amusez-vous bien !

Marieli Hurtado-Graciet

Ho'oponopono est une philosophie ancestrale qui nous vient d'Hawaï. En l'adaptant dans notre quotidien, elle devient un art de vivre car elle nous invite à changer notre perception des choses, des autres, de nous-mêmes et peut transformer notre vie. La pratique assidue et régulière de Ho'oponopono va nous conduire à la paix et à la liberté grâce à la puissance du pardon, de la gratitude et de l'amour de soi. Nous pouvons en témoigner car nous l'expérimentons chaque jour depuis quelques années.

Cette pratique n'est pas automatique, surtout au début. Le jeu de cartes vous permettra de garder un lien constant avec Ho'oponopono.

Douze cartes, douze clés pour entrer dans le processus de Ho'oponopono. Gardez-les toujours à portée de main, dans vos poches, votre sac ou posées sur votre bureau. Dès qu'une préoccupation se présente, tirez une carte et vous verrez combien elle est bien adaptée à la situation.

C'est un jeu de cartes, alors jouez et... vous connaîtrez la paix.

Jean Graciet

Le processus de clarification de Ho'oponopono à travers les cartes

Ho'oponopono est un ancien rituel de guérison hawaïen qui signifie rectifier, rendre droit, harmoniser, corriger ce qui est erroné. Notre principale erreur est d'avoir oublié qui nous sommes. Comme disait Teilhard de Chardin :

Nous ne sommes pas des êtres humains ayant une expérience spirituelle. Nous sommes des êtres spirituels ayant une expérience humaine.

Grâce à Ho'oponopono, nous allons pouvoir enlever une à une toutes ces couches qui nous séparent de notre véritable essence. Nous allons nous sentir de plus en plus près de notre Source. Il va nous paraître de plus en plus clair que nous sommes des parcelles de Dieu et que Dieu est amour. Le procédé Ho'oponopono consiste donc à nettoyer toutes les mémoires qui créent cette réalité fausse pour sortir de l'illusion de la séparation. Ce procédé de clarification va nous amener à nous transformer à partir de l'intérieur.

Voici un petit résumé des principes :

- L'univers physique est une manifestation de mes pensées. Si mes pensées sont erronées, je vais ainsi créer une réalité fausse.

- Je suis responsable à 100 % de toutes ces pensées qui sont en train de créer l'univers tel que je le perçois.
- Il n'y a rien à l'extérieur ; tout existe dans mes pensées, à l'intérieur de moi.

Les Hawaïens considèrent que tous les problèmes viennent des pensées erronées. Et ces pensées proviennent de programmes inconscients que nous appelons les mémoires. Le procédé consiste tout simplement à nettoyer les mémoires inconscientes. Nous comprenons ainsi que souvent notre problème n'est pas l'événement que nous sommes en train de vivre mais plutôt les pensées ou jugements que nous portons sur lui. Ho'oponopono nous aide à nettoyer ces filtres qui déforment la réalité et qui nous empêchent de voir la lumière qui est en nous.

Afin d'expliquer le processus, voyons d'abord les différentes parties de notre identité telles que les Hawaïens les définissent.

Notre identité est composée de quatre parties :

- La première est *Unihipili* (enfant). C'est le *subconscient*. C'est dans cette partie que toutes les mémoires sont stockées. Chaque fois que je vis quelque chose dans ma vie, je stocke des informations sur ce disque dur qui est mon subconscient. Mais je vais aussi y trouver les mémoires de mes parents ou ancêtres et également des mémoires de vies antérieures, sans oublier l'ensemble des mémoires que nous partageons, toutes issues de l'inconscient collectif.

- Ensuite, il y a *Uhane* (mère). C'est le *conscient,* la raison, l'intellect, le mental. La fonction principale de cette partie-là est de prendre des décisions. Nous avons donné peut-être trop d'importance à cette partie au détriment des autres en voulant tout contrôler par l'analyse et la raison.
- Puis, il y a *Aumakua* (père). C'est l'âme, le *moi supérieur,* la partie spirituelle. Cette partie est parfaite et libre de toute mémoire. Et elle est directement reliée à notre Divinité intérieure.
- La quatrième partie, qu'on pourrait appeler *l'Intelligence Divine,* est le principe créateur qui nous relie tous et qui est à l'intérieur de chacun. C'est cette Intelligence Divine qui transmute les mémoires en pur amour.

Toutes les parties sont importantes et constituent notre identité. Chacune a sa fonction précise. Ho'oponopono nous aide à harmoniser ces parties parce qu'il nous connecte à notre Divinité et rétablit la paix à l'intérieur.

Imaginons que nous avons un problème relationnel avec une personne de notre entourage. Nous ressentons une émotion qui peut se traduire dans notre corps par des symptômes. Afin de nous protéger de cette souffrance, nous mettons aussitôt la cause à l'extérieur et créons toute une série d'interprétations et de jugements envers l'autre dans le but de nous donner raison. C'est notre façon habituelle de fonctionner.

Ho'oponopono nous invite à changer cette habitude de placer le problème à l'extérieur en l'entourant de jugements, en dirigeant, au contraire, notre attention vers l'intérieur.

Le premier pas est donc d'accueillir nos émotions sans les juger, et par la suite de comprendre que ce problème vient d'une mémoire inconsciente qui est en train de se répéter, agissant à travers nous et projetant une réalité qui nous pose problème. Cette mémoire est comme un filtre qui déforme notre perception.

C'est là que notre conscient va intervenir en prenant une décision. C'est la seule fonction du mental conscient : prendre des décisions. Nous avons alors le choix :

- Soit nous nous laissons porter par les mémoires et nous continuons de fonctionner ainsi, telle une marionnette téléguidée.
- Soit nous reconnaissons que c'est une mémoire qui nous dirige et nous décidons de la libérer.

Ensuite, nous nous mettons au niveau de notre âme (qui est toujours reliée à Dieu) et nous demandons à l'Intelligence Divine de venir transmuter ces mémoires en lumière.

C'est un choix que je dois faire à chaque instant :
« Je confie les rênes de ma vie à mon âme ou moi supérieur. »

Il existe différentes façons de réaliser ce transfert de pouvoir des mémoires vers le moi supérieur. La plus connue est la répétition de ces quatre phrases : « Désolé », « Pardon », « Merci », « Je t'aime » pour ensuite laisser faire la transmutation par notre Divinité intérieure.

Et c'est par une pratique constante que le « muscle » de mon libre arbitre va devenir de plus en plus fort pour me diriger toujours vers mon but qui est « la paix et la liberté ».

Vous trouverez plus d'explications de cette méthode dans le livre : *Ho'oponopono, le secret des guérisseurs hawaïens* et *Le grand livre de Ho'oponopono* aux Éditions Jouvence, le but de ces cartes étant de vous aider à le mettre en pratique dans la vie de tous les jours.

Comment utiliser les cartes

Les cartes sont avant tout un outil pour nous aider à lâcher prise, mais aussi pour nous rappeler les principes essentiels de Ho'oponopono et nous inciter à pratiquer le plus souvent possible pour que « le nettoyage » devienne peu à peu automatique. C'est pour cette raison qu'elles sont de petite taille afin de pouvoir être transportées avec soi en permanence, soit dans le sac, soit dans la poche. Plus nous allons les utiliser, plus vite nous intégrerons le réflexe de pratiquer sans arrêt.

Pratiquer Ho'oponopono implique de remplacer cette ancienne habitude de « s'accrocher », de vouloir « tout contrôler » par une nouvelle attitude de lâcher-prise et de confiance envers notre Divinité intérieure. C'est un transfert de pouvoir, l'ego se mettant au service de notre âme.

Vous pouvez tirer une carte le matin et l'adopter ainsi pour la journée. En la posant sur votre bureau ou dans un endroit visible, elle vous servira de rappel. Vous pouvez vous amuser à répéter la phrase proposée le plus souvent possible, et enclencher le processus de nettoyage à partir de cette phrase et le principe qu'elle exprime.

Vous pouvez aussi prendre une carte avant de commencer une nouvelle action et vous laisser guider par le message qu'elle porte. Par exemple, vous tirez la carte : « Ce n'est qu'une mémoire, je décide de la libérer. » Tout le long de votre journée, sitôt que vous rencontrerez des difficultés, il vous viendra à l'esprit : « Ce n'est qu'une mémoire, je décide de la libérer. »

Ensuite, lâchez prise.

De la même façon, si vous rencontrez un problème ou une difficulté en particulier et que vous sentez que vous vous « accrochez » en cherchant à tout prix une solution à travers votre mental, pensez au jeu de cartes et tirez-en une au hasard. Laissez-la vous parler. Parfois, il suffira de la regarder pour que vous lâchiez prise de façon instantanée.

Vous pouvez aussi lire les pages correspondantes dans ce petit livret, et ensuite fermer les yeux et faire quelques respirations conscientes lentes et profondes.

Lâchez votre désir de vouloir résoudre le problème à tout prix et restez dans la confiance que l'inspiration viendra au bon moment.

En attendant, répétez votre mantra : « Désolé, pardon, merci, je t'aime » et accueillez la paix qui commencera à s'installer dans votre cœur.

Je suis créateur à 100 %

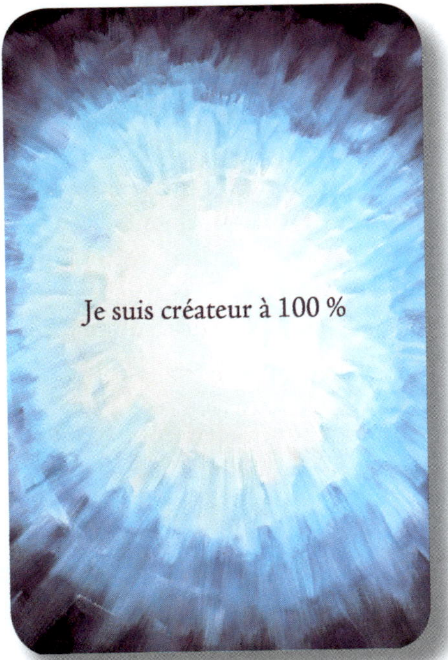

Soyez le changement que
vous voulez voir dans le monde.
Gandhi

Tout ce qui nous arrive dans notre vie, est de notre responsabilité, ce qui veut dire que tout ce qui apparaît à nos cinq sens est notre création. Le monde qui nous environne est notre création. En conséquence, dès que quelque chose nous déplaît à l'extérieur de nous, nous avons la responsabilité de guérir en nous les mémoires qui ont créé cette situation. Ce qui est à l'extérieur de nous n'est en fait que la projection d'une pensée, d'une croyance, d'une mémoire qui est en nous. Si nous prenons la responsabilité de tout ce qui nous arrive, alors nous abandonnons notre rôle de victime.

Avec Ho'oponopono, on reconnaît qu'il n'y a plus de victimes, pas plus qu'il n'y a de coupables mais que chacun est créateur de sa propre vie.

Jusqu'à maintenant, nous avons vécu dans l'idée que le « coupable » est à l'extérieur. Dès que quelque chose de désagréable apparaît dans notre vie, nous recherchons un coupable à l'extérieur de nous. Nous avons appris à nous considérer comme victime et admettre que le danger vient toujours de l'extérieur. En fait, dès qu'un coupable est désigné, nous lui donnons en réalité notre propre pouvoir ! Nous avons trouvé confortable jusque-là de nous décharger de nos responsabilités pour les donner à autrui sans nous rendre compte qu'ainsi nous lui avons donné tout pouvoir sur nous.

Avec Ho'oponopono, tout s'inverse car nous comprenons que nous sommes créateurs à 100 % de notre réalité physique. Cette réalité physique est tout simplement une création de nos pensées, de nos croyances, de nos mémoires. Car tout est à l'intérieur de soi, rien n'est à l'extérieur.

Cette notion de responsabilité à 100 % est fondamentale car elle permet d'entrer véritablement dans le processus de Ho'oponopono.

Si vous avez tiré cette carte, vous considérez que vous êtes créateur de votre réalité et vous récupérez votre pouvoir. Ce n'est plus la faute d'un autre qui est à l'extérieur de vous. Les autres sont intervenus dans votre vie dans le seul but de vous indiquer ce qu'il y a à changer et à améliorer en vous. En aucun cas ils ne sont responsables, vous êtes le seul responsable de ce qui arrive dans votre vie. De tout !

Ce faisant vous pouvez dire : « Je ne suis plus une pauvre victime, je suis l'artisan de ma vie. Je vais changer ce qui, au fond de moi, a créé ce problème dans ma vie. » C'est alors que vous cesserez de porter tout jugement sur les autres pour aller voir à l'intérieur de vous ce qui a créé cela pour le changer. Peu à peu, vous récupérez ainsi, en conscience, votre pouvoir créateur.

J'accepte, tout est parfait

Tout ce à quoi l'on résiste persiste
et tout ce que l'on embrasse s'efface.
Carl Jung

Dès que nous admettons que tout ce qui nous arrive est de notre responsabilité, et que nous sommes créateurs de notre réalité physique, pouvons-nous alors refuser ou nier les événements et les rencontres que nous avons créés, même de façon inconsciente ?

Non, car tout est de notre responsabilité, cela veut dire que nos pensées, nos croyances, nos mémoires ont créé ces événements ou ces rencontres, qu'ils soient heureux ou malheureux.

Alors pourquoi nier ou exprimer de la colère ou un ressentiment quel qu'il soit alors que nous sommes créateurs de notre environnement physique ?

Quand une maladie atteint quelqu'un, quelle que soit sa gravité, nous entendons souvent les gens lui conseiller de lutter, de se battre contre cette maladie qu'on considère généralement comme un ennemi à combattre et à éliminer.

Est-ce la bonne attitude ?

Pas davantage que celle de se poser en victime, car il est de plus en plus reconnu maintenant que la maladie est la manifestation dans le corps d'un choc émotionnel vécu par la personne avant que les premiers symptômes apparaissent. Et nos émotions découlent de nos pensées, de nos croyances, donc de nos mémoires.

En conséquence, la bonne attitude, dès qu'une maladie apparaît, est plutôt de l'accueillir, de l'accepter, d'essayer de comprendre ce que la maladie est venue nous dire afin de changer ce qui est incorrect en nous.

Accepter cette maladie jusqu'à aimer les mémoires qui l'ont créée nous donne l'opportunité de les nettoyer.

Ce n'est qu'à partir du moment où nous avons accueilli, accepté et enfin aimé ce qui nous est arrivé, ce n'est qu'après avoir entrepris le nettoyage de toutes les mémoires en relation avec cela, que la maladie peut basculer du côté de la guérison.

Toute chose qui arrive est parfaite et il ne pouvait pas en être autrement.

Cette carte vous demande d'accepter ce qui arrive, d'accepter que ce qui était considéré souvent comme un problème devienne maintenant une opportunité de nettoyer la mémoire qui a créé cela. En faisant ainsi, vous allez porter un autre regard sur les choses, sur les êtres, et réaliser que la perfection est partout et en toute chose. Vous êtes un être parfait et tout ce qui vous arrive est parfait.

Cette carte vous invite à vous ouvrir à la possibilité que ce qui arrive est toujours parfait par le simple fait que cela arrive dans votre vie, même si vous ne le voyez pas encore ainsi. Et vous pouvez étendre cette ouverture dans le passé, comme dans le futur. Cette ouverture implique qu'il y a des choses que votre mental ne maîtrise pas et ne peut pas comprendre car tout se passe à un autre niveau.

Par l'acceptation, vous cessez de vous battre contre « ce qui est » et vous ouvrez la porte à la transformation intérieure et à la paix.

Ce n'est qu'une mémoire, je décide de la libérer

Ta tâche n'est pas de chercher l'amour,
mais simplement de chercher et trouver tous les obstacles que tu as construits contre l'amour.
Rûmi

Nous pouvons dire qu'à l'origine de tout ce qui nous arrive, une rencontre, un événement heureux ou malheureux, une maladie, se trouve une mémoire.

Mais qu'est-ce qu'une mémoire et d'où vient-elle ?
La psychogénéalogie nous enseigne que les mémoires se faufilent de génération en génération pour arriver jusqu'à nous. Maintenant, si nous admettons le principe de la réincarnation, nous arriverions alors dans cette vie terrestre chargés des mémoires de vies antérieures qu'on peut appeler des karmas non résolus et auxquels nous serions chargés d'apporter des solutions dans cette vie.

Les mémoires viennent également se cristalliser pendant cette période toute particulière appelée le Projet Sens, qui va de quelques mois avant la conception jusqu'à un an après la naissance. Pendant ces trente mois environ, l'être en devenir, puis ce bébé, va emmagasiner et stocker à 100 % dans le subconscient toutes les émotions vécues par ses parents et par son environnement proche afin de les exprimer plus tard dans sa vie.

De la même manière, le jeune enfant de un à six ans environ, parce qu'il a du mal à s'exprimer, gardera en lui ses peurs, ses colères, ses ressentis et nombre d'émotions. Puis, tout au long de sa vie, il va les extérioriser sous forme de mémoires ou programmes inconscients.

Quelles que soient leurs origines, les mémoires vont conduire notre vie et c'est ainsi que tout ce que nous faisons dans notre vie, la (ou les) profession(s) que nous exerçons, nos projets, réalisés ou pas, nos rencontres, les lieux où nous vivons, découlent de ces programmes qui sont en fait nos mémoires.

C'est ensuite la partie consciente de nous-mêmes, ou notre mental, qui décide de faire ce choix : garder cette mémoire ou s'en libérer.

Ho'oponopono nous permet de nettoyer toutes nos mémoires. Le mental juge si une mémoire est bonne ou erronée. Or, la réalité est tout autre : il n'y a ni bien ni mal, il y a juste des mémoires que nous pouvons choisir de nettoyer afin de nous en libérer.

Cette carte vous invite à prendre conscience que, quoi qu'il se passe dans votre vie, c'est une mémoire qui en est la cause. Mais vous n'êtes pas vos mémoires, alors la carte vous invite à vous questionner :

Est-ce que je garde cette mémoire ?

Est-ce que je décide de la nettoyer, c'est-à-dire de la transmuter en pure lumière afin d'être en paix ?

Je prends soin de mon enfant intérieur

Heureux ceux qui ont le cœur pur,
car ils verront Dieu.
Mathieu 5,8

Le but de Ho'oponopono est de retrouver un cœur d'enfant, pur et libre de mémoires. Les mémoires sont stockées dans notre subconscient, cette partie de nous que les Hawaïens appellent Unihipili et qui veut dire « enfant ». Tout notre travail va être de libérer cet enfant de l'emprise des mémoires.

Nous pouvons commencer à prendre soin de notre enfant intérieur en nous autorisant à ressentir nos émotions sans les juger, pour pouvoir ensuite les libérer.

Nous avons eu trop tendance à bloquer nos émotions et nous avons perdu petit à petit le contact avec lui. C'est ainsi que nous sommes arrivés à « penser » notre vie plutôt qu'à la vivre avec notre cœur grand ouvert. Pour cette raison, il est important de cultiver une bonne relation avec cette partie de nous. Nous pouvons nous rapprocher d'elle grâce à des méditations sur l'enfant intérieur, mais aussi à travers le jeu, le rire, le chant, la danse et toutes les activités artistiques (peinture, théâtre, sculpture…) ou tout simplement en lui parlant.

Si nous nous trouvons face à un problème, nous pouvons établir un dialogue avec cette partie de nous qui est peut-être en souffrance. Nous pouvons lui poser quelques questions, comme par exemple :

Qu'est-ce que tu ressens ? Est-ce que tu as peur ? Si oui, de quoi as-tu peur ? De quoi as-tu besoin ?

Et nous pourrons ainsi accueillir notre ressenti dans le corps. Par ce ressenti, nous rentrons dans l'expérience de la vie, dans l'ici et maintenant.

Nous allons apprendre à devenir enfant, à retrouver la simplicité d'un enfant. Nous allons rentrer dans notre cœur d'enfant.

Une méthode très simple et efficace pour libérer cette partie émotionnelle est l'EFT (Emotional Freedom Techniques ou techniques de libération émotionnelle). Avec cette technique (sorte d'acupuncture sans aiguilles), vous pourrez harmoniser et dissoudre les blocages énergétiques qui sont à l'origine de beaucoup de problèmes émotionnels. Vous trouverez plus d'informations dans le site : http://eft-facile.eklablog.com ou dans le livre *EFT, Emotional Freedom Technic : mode d'emploi*, de Marieli Hurtado-Graciet et Luc Bodin, aux Éditions Jouvence.

Si vous avez tiré cette carte aujourd'hui, elle vous invite à donner une place prioritaire à cet enfant intérieur dans votre vie.

Quelles sont les activités qui vous font plaisir et qui vous donnent de la joie ?

Prenez le temps pour les faire car elles vont favoriser votre connexion avec votre enfant intérieur.

Autorisez-vous à chanter, danser, jouer, rire, peindre, marcher dans la nature, papoter avec un/une ami(e), faire un gâteau ou toute activité qui vous fait du bien et dans laquelle vous sentez que vous oubliez le temps qui passe.

L'enfant intérieur est en chacun de nous, vous êtes cet enfant divin et c'est grâce à lui que vous allez vous relier à votre propre Divinité.

Je demande à mon âme de nettoyer

Le monde que nous avons créé est le résultat de notre niveau de réflexion, mais les problèmes qu'il engendre ne sauraient être résolus à ce même niveau.
Albert Einstein

Reprenant les propos d'Albert Einstein, nous devons monter à un niveau supérieur. Cette carte nous invite à le faire. Quand nous sommes face à un problème, notre mental va essayer de le résoudre en cherchant des solutions, mais en réalité ce n'est pas sa fonction. Le mental a une seule fonction : prendre des décisions. Soit nous continuons de nous laisser diriger par nos mémoires, soit nous prenons la décision de confier le nettoyage à notre partie divine.

Nous n'avons pas besoin de savoir quelle mémoire est en jeu, ni d'en comprendre la cause ou l'origine. Le besoin d'analyser et de comprendre vient de notre mental qui veut toujours garder le contrôle. L'intellect, tel un ordinateur, fonctionne avec des programmes du passé : les mémoires. C'est pourquoi il se trompe si souvent, comme un programme obsolète qui appelle des mises à jour.

La solution va venir d'un autre niveau et, pour pouvoir l'accueillir, nous devons lâcher prise et donner la permission, autoriser la mise à jour.

Utiliser Ho'oponopono est très simple et pourtant pas si facile, car accepter de ne pas savoir demande aussi beaucoup d'humilité et de sagesse. Socrate, ce grand sage de l'Antiquité nous le disait déjà : *Tout ce que je sais, c'est que je ne sais rien.*

Si vous avez tiré cette carte, elle vous propose de cultiver cette connexion avec votre âme ou votre moi supérieur pour lui confier les rênes de votre vie. Afin de renforcer cette connexion, la pratique de la méditation peut être un bon moyen, ainsi que se promener dans la nature, faire des pauses durant la journée avec des respirations conscientes, écouter de la musique, lire des livres inspirés ou tout simplement pratiquer ses activités quotidiennes en conscience et dans le silence.

Cette carte vous invite à lâcher prise pour laisser faire votre Divinité intérieure. Lester Levenson dit aussi : *Let got and let God,* qui peut se traduire par « Lâche prise et laisse faire Dieu ».

Je demande à mon âme de nettoyer ou je confie le nettoyage à Dieu.

Désolé, pardon

Lorsque vous dites à la Divinité : « S'il te plaît, pardonne-moi », ce n'est pas parce que la Divinité a besoin de l'entendre, mais parce que vous avez besoin de l'entendre.

Dr Ihaleakala Hew Len (*Zéro limite*)

Le pardon est un don que l'on se fait à soi-même. Par le pardon, nous allons nous libérer de la prison de nos jugements, croyances et opinions. Nous allons nous donner la possibilité de changer la perception que nous avons de l'autre, ou du problème, et nous allons le faire par amour pour nous.

« Désolé, pardon »... avec ces deux mots, nous déclenchons le processus d'ouverture et de transformation intérieure. Nous commençons par « reconnaître » que nous sommes à l'origine de tout ce qui apparaît dans notre vie et nous exprimons notre « regret ». Comme lorsque nous bousculons quelqu'un par inattention, nous lui disons : « Désolé ! Pardon ! »

Nous demandons pardon pour toutes nos pensées erronées. Nous faisons l'offrande de tous nos jugements, opinions et croyances. Nous prenons conscience que toute cette histoire que notre mental a créée, il l'a fait pour nous protéger, pour nous éviter les ressentis douloureux de cette expérience. Or, nous avions oublié que nous sommes venus sur terre pour expérimenter.

Le pardon est la charnière de la pratique de Ho'oponpono. C'est là que nous basculons. C'est là que nous rentrons dans notre humanité, que nous ouvrons notre cœur et que nous nous ouvrons à la vie.

Si vous avez tiré cette carte, elle vous invite à faire un mouvement vers l'intérieur de vous. Commencez par accueillir ce qui vous fait souffrir à l'intérieur. Et la première souffrance vient de votre sentiment de séparation.

« Je suis désolé. »
Vous ressentez la souffrance de vous sentir seul et séparé. Vous êtes dans l'illusion de croire que vous êtes séparés des autres et de la Source qui est à l'origine de tout.

« Pardon »
Vous demandez pardon pour cette erreur et vous vous pardonnez d'avoir oublié. Avec le pardon, vous faites ce premier pas. Un pas dans l'humilité, vous descendez dans votre cœur. Vous demandez juste pardon. Vous pouvez répéter ces phrases :

« Je demande pardon à mon enfant intérieur de l'avoir oublié ou négligé. »

« Je demande pardon à toutes les personnes que j'ai jugées ou que j'ai offensées de n'importe quelle façon. »

« Je me demande pardon à moi-même pour tout le mal que je me suis fait et je me pardonne car je sais que j'ai fait de mon mieux. »

Quand vous demandez pardon, vous exprimez à l'Intelligence Divine la volonté de réparer toutes ces mémoires qui sont à l'intérieur de vous et qui sont en train de créer ce problème dans votre vie. Vous lui dites : « Prends toutes ces pensées et transforme-les en amour. »

Merci, je t'aime

Si la seule prière que tu faisais dans ta vie était « merci », ce serait suffisant.
Maître Eckhart

L'Amour est la force la plus puissante de l'univers.
Gandhi

Ces deux simples mots répétés de façon régulière peuvent transformer votre vie.

« Merci » est l'expression de la gratitude. Nous disons merci quand nous acceptons un cadeau. Le présent est le cadeau que la vie nous donne à chaque instant. Chaque fois que nous disons « merci », nous accueillons la vie comme un cadeau, instant après instant.

Nous pouvons dire merci à TOUT ce qui arrive dans notre vie, et en le faisant nous savons que c'est une façon de transformer notre perception. Nous disons merci aux mémoires quand elles apparaissent dans notre vie sous n'importe quelle forme car nous savons qu'elles nous donnent l'opportunité de les libérer. Quand nous disons merci, nous sommes en train d'affirmer que derrière ce que nous voyons en apparence comme un problème, se cache un trésor, même si nous ne le voyons pas encore. Nous remercions pour ce cadeau.

Merci est la meilleure prière qui soit.

« Je t'aime », car c'est l'amour qui guérit. Quand nous disons « Je t'aime » à une mémoire, nous lui disons : « J'accepte que tu sois apparue dans ma vie, car je sais que c'est l'amour qui va faire la transmutation. Je t'aime et je te libère. »

Si vous avez tiré cette carte, elle vous invite à remercier et à vous ouvrir à l'amour.

L'amour est partout dans l'univers, vous n'avez rien d'autre à faire que d'ouvrir la porte et le laisser entrer. Cet amour se trouve aussi au fond de votre cœur, et plus vous vous autoriserez à l'exprimer, plus vous serez capable de le ressentir.

Par le simple fait de répéter ces deux mots tout le long de la journée, toutes vos cellules vont s'imprégner de cette énergie d'amour et de gratitude et, sans même vous en rendre compte, elles vont rayonner autour de vous. Vous deviendrez ainsi une antenne relais qui aura des effets sur vous-même et sur le monde entier.

Ne nous croyez pas simplement sur parole, faites-en l'expérience. C'est uniquement par l'expérience de donner de l'amour que vous comprendrez ce qu'est l'amour. Au cours de la journée, expérimentez ce mantra :

« Merci, je t'aime ; merci, je t'aime ; merci, je t'aime… »

Je me souviens de qui je suis

Nous sommes le Divin qui s'est oublié lui-même. Notre travail, le travail, c'est de rétablir la connexion.
Satprem (*Mère, Le matérialisme divin*)

Ho'oponopono nous permet de rétablir cette connexion. La connexion avec qui nous sommes. Je peux commencer par déterminer ce que je ne suis pas.
Est-ce que je suis mes mémoires ?
Est-ce que je suis mes émotions ?
Est-ce que je suis toutes mes pensés, croyances, jugements ?
Est-ce que je suis mes possessions, mon rôle, ma profession, ma position sociale ?

Dès que nous comprenons que nous ne sommes pas tout cela, nous pouvons cesser de nous y identifier et nous nous positionnons à un autre niveau. En prenant conscience de notre véritable identité, il nous sera beaucoup plus facile de lâcher prise et de cesser de nous accrocher à nos émotions, à nos mémoires et même à nos certitudes ou croyances. Nous sommes tels des gouttes de pluie qui, dès qu'elles rejoignent l'océan, deviennent l'océan en entier et intègrent son immensité.

Nous pensions être séparés et différents, mais nous commençons à réaliser que cette séparation n'est qu'une illusion. Plus nous allons nettoyer nos mémoires, plus le voile de la séparation va se dissoudre et plus nous allons ressentir notre union avec « le Tout ».

Si vous avez tiré cette carte, elle vous invite à prendre conscience de votre véritable identité.

La réponse est au fond de votre cœur. Vous pouvez vous aider à la retrouver en répétant des phrases comme :

« Je me souviens de qui je suis », « Je suis un être infini », « Je suis un être spirituel ayant une expérience humaine » ou simplement vous poser la question : « Qui suis-je ? »

Vous pouvez observer la nature, le ciel étoilé ou l'océan en silence et vous comprendrez que vous faites partie de ce Tout.

Vous pouvez aussi déceler la Divinité qui se trouve dans chaque être que vous rencontrez, car plus vous la verrez dans les autres, plus vous la verrez en vous-même.

J'accueille ma part d'ombre et je mets de la lumière

Votre vie sera transformée lorsque vous ferez la paix avec votre ombre.
Debbie Ford

Il est absolument nécessaire d'accueillir, de reconnaître puis d'accepter ses propres défauts. Ils sont notre part d'ombre, c'est cette partie de nous-mêmes que nous avons tenté d'occulter et de nier. Nous arrivons à nous mentir à nous-mêmes parce que nous trouvons ces défauts insupportables.

Mais au lieu d'essayer de supprimer ces zones d'ombre, il nous faut maintenant apprendre à les reconnaître, à les regarder en face pour commencer à les intégrer comme faisant partie de nous-mêmes, une partie intégrante de notre personnalité. Nous avons eu honte de découvrir en nous ces zones d'ombre, ces « horribles défauts » et nous avons tenté de nous en débarrasser ou du moins de les cacher aux yeux des autres.

Comme tout être humain, à la naissance, nous nous portions un amour sans faille. De même, quand nous étions petit enfant, nous n'avions aucune peine à nous accepter tels que nous étions. Nous le faisions sans aucune honte, sans peur, sans porter aucun jugement sur nous-mêmes, ne sachant vivre que le moment présent et en nous exprimant sans entraves.

Mais, peu à peu, afin d'être reconnus, acceptés et par peur de nous sentir rejetés par la famille d'abord, par tous les autres ensuite, nous avons progressivement fermé les portes sur toutes ces zones d'ombre ne correspondant pas aux normes établies, aux valeurs reconnues par tous. C'est ainsi qu'en reniant, en refoulant ces parties de nous, nous sommes arrivés à nous dévaloriser, à ne plus pouvoir nous supporter, à ne plus nous aimer. Nous avons oublié qui nous étions vraiment.

Cette carte vous invite à saisir que vos zones d'ombre constituent la clé du changement en vue de votre évolution personnelle car elles recèlent l'essence même de ce que vous êtes, de votre être le plus profond.

Si vous n'arrivez pas toujours à voir vos propres zones d'ombre, vous n'avez qu'à regarder ce qui vous déplaît chez les autres et les jugements que vous portez sur eux. Ils sont votre miroir.

Et ce que vous rejetez en eux n'est peut-être qu'une projection de votre propre rejet.

Derrière chaque ombre se cache un trésor et votre véritable mission est de découvrir cette part de lumière en vous. Dès que vous contactez ces parts d'ombre en vous, vous pouvez les intégrer et les guérir. C'est alors qu'elles se transforment en amour.

Car chaque aspect de vous-même recèle un cadeau, qu'il soit une « qualité » ou un « défaut ». Chacune de ces facettes compose la totalité de votre être, l'être de lumière que vous êtes réellement.

De la même façon que la lumière blanche se décompose en une infinité de lumières colorées en traversant un prisme, l'amour inconditionnel renferme la totalité des facettes vous concernant, la colère, la haine comme la joie, la paix, etc. Le blanc n'est pas l'absence de couleur, il les renferme toutes. Ainsi, l'amour est l'ensemble de toutes vos zones d'ombre comme de vos valeurs. L'amour est tout. Vous êtes Amour.

Je fais la paix avec ma création

Nous sommes ici seulement pour apporter la Paix dans notre propre vie et si nous apportons la Paix dans notre vie, tout, autour de nous, retrouve sa place, son rythme et la Paix.

Mornah Simeona

Même si nous avons accepté que nous sommes créateurs à 100 % de tout ce qui nous arrive, nous allons peut-être avoir des difficultés à faire la paix avec cette création.

Nous pouvons nous retrouver en conflit avec elle et donc dans l'impossibilité d'être en paix.

Quand notre création correspond à nos attentes ou avec ce que notre mental « veut », nous l'acceptons et en plus nous en sommes fiers. Mais quand elle ne correspond pas à ce que nous voulions, nous allons chercher la façon de la changer et tant que nous n'y serons pas arrivés, nous ne pourrons pas être en paix. Notre mental fonctionne à partir des mémoires et il n'est conscient que d'une partie infime de tout ce qui se passe. Nous oublions ainsi cette autre partie de nous qui sait, mieux que nous, ce qui est bon pour nous. Le véritable conflit se trouve dans notre mental, à cause des jugements que nous portons sur « cette création » que nous voyons à l'extérieur. Si nous confions nos jugements à l'Esprit créateur, la paix s'installe progressivement dans nos cœurs. Ce don est la véritable essence du pardon.

C'est peut-être une des étapes les plus difficiles dans la pratique de Ho'oponopono et en même temps, elle est essentielle.

Ho'oponopono nous invite à accepter de ne pas savoir et à confier nos mémoires à l'Esprit créateur. Nous permettons ainsi que l'amour vienne peu à peu effacer les jugements qui nous maintiennent dans la dualité du bien et du mal et qui nous font tant souffrir.

Si vous avez tiré cette carte aujourd'hui vous allez vous rappeler que la paix commence avec vous et qu'elle n'est pas dépendante de quelque chose d'extérieur à vous. À chaque fois que vous vous observez en train de juger ou de vouloir changer les autres, vous pouvez confier le nettoyage de vos pensées à l'Esprit créateur (désolé, pardon, merci, je t'aime) et vous pourrez accueillir la paix dans votre cœur. Vous n'attendez plus de changer le monde pour être en paix, vous choisissez de lâcher tout jugement et d'être en paix, quelles que soient les circonstances extérieures.

Si vous faites la paix avec votre création en toute conscience, vous savez que cette paix aura un effet sur le monde.

Je suis sans attente
J'accueille l'inspiration

Je me sens toujours heureux, vous savez pourquoi... ? Parce que je n'attends rien de personne... Les attentes font toujours mal. La vie est courte... Aimez votre vie... Soyez heureux... Gardez le sourire... Et souvenez-vous : Avant de parler, Écoutez... Avant d'écrire, Réfléchissez... Avant de prier, Pardonnez... Avant de blesser, Considérez l'autre. Avant de détester, Aimez... et Avant de mourir, Vivez !!!

Shakespeare

Nous sommes sans attente car avoir une attente c'est faire intervenir le mental. Dans la pratique de Ho'oponopono, dès que le mental reprend le contrôle, le processus se bloque. Nous ne pouvons pas demander à notre âme et à notre Divinité intérieure de nous aider à nous libérer de nos mémoires et, en même temps, être dans l'attente et vouloir quelque chose.

Qui poursuit un objectif ?

Le mental. Mais le mental ne sait pas ce qui est bon pour nous. Il fonctionne comme un ordinateur, c'est-à-dire qu'il se sert de ses données pour trouver des solutions. Or pour le mental, les données sont toutes les choses du passé ou mémoires qui lui servent de référentiel et sur lesquelles il s'appuie pour trouver ses solutions. C'est pour cette raison qu'il ne sait pas ce qui est bon pour notre évolution.

Dès que nous avons demandé à notre âme et à notre Divinité intérieure de nettoyer, nous ne voulons plus rien sinon la paix et la liberté.

Une attente est encore une mémoire. Quand nous décidons de nettoyer, et que nous sommes sans aucune attente, nous atteignons peu à peu cet état de vide, l'état « zéro » dont parle le Docteur Len. Dès que le mental décroche et abandonne tout contrôle, nous pouvons entrer dans cet état de « vide » qui ne peut être vécu que dans l'instant présent, ici et maintenant. C'est alors que l'inspiration peut arriver.

Le vide est en deçà de rien, c'est la conscience absolue d'où peuvent surgir toutes les possibilités, d'où peut naître l'inspiration qui vient de la Divinité. C'est dans cet espace vide, le « Zéro », que se trouve l'Énergie universelle, au même niveau vibratoire que la Divinité intérieure d'où part toute création. Et c'est de cet espace « vide » que surgit l'inspiration, l'idée, la solution, la clé à la préoccupation du moment. C'est là aussi qu'il faudra faire preuve de discernement pour distinguer « l'inspiration » pure, qui vient de l'âme, des « intuitions » chargées de peurs et de préjugés qui, elles, viennent des mémoires.

Cette carte vous invite à un lâcher-prise total de votre mental car, dans Ho'oponopono, il n'y a rien à examiner ou analyser. Ho'oponopono va laisser aller les mémoires, les effacer, de manière à ce que vous soyez dans ce que Bouddha appelle le vide, ou ce que Shakespeare nomme la page blanche. Quand vous êtes dans cet état d'absence des choses, de vide, de page blanche, c'est alors que l'inspiration arrive.

L'inspiration vient sans que nous y réfléchissions, souvent sous forme de synchronicité et de façon inattendue. Quand surgit l'inspiration, nous le savons au fond de nous car nous savons que c'est juste.

Je choisis la paix et la liberté

Ce qu'il faut chercher et trouver,
c'est la douceur sereine d'une inébranlable paix.
Alexandra David-Neel

Quand nous pratiquons Ho'oponopono, la seule attente que nous puissions avoir, si nous devons avoir une attente, c'est d'être en paix. La finalité du processus est d'atteindre un état de paix intérieure et libre des mémoires. Mornah Simeona disait « la paix commence avec moi » car il est vrai que si la paix est en moi, elle sera aussi à l'extérieur de moi.

À l'origine, Ho'oponopono était un rituel de réconciliation et de pardon mutuel. Il se pratiquait au sein d'une communauté en présence des protagonistes d'un problème ou d'un différend survenu, et on se réconciliait en s'accordant le pardon, l'amour et la paix. En se séparant, chacun repartait en paix et les différends étaient effacés, nettoyés. L'objectif ultime de Ho'oponopono, c'est de ne rien vouloir d'autre que d'être en paix, en paix avec soi-même, en paix avec le monde et se sentir libre.

Connaître cet état de paix, c'est savoir profiter et vivre pleinement l'instant qui passe, le moment présent, ici et maintenant. On ne peut pas être dans cet état de paix en retournant sans cesse dans le passé, en ressassant ses regrets, sa culpabilité, ses fautes, les jugements sur soi-même. On ne peut pas davantage connaître la paix en se projetant dans le futur empli de nouveaux désirs ou objectifs. C'est toujours le mental qui nous éloigne de notre présent et nous emmène, par des pensées incessantes et obsédantes, revisiter notre passé ou découvrir un futur hypothétique. Le mental pris par le passé où sont logés nos mémoires et nos peurs, ou par le futur, ne peut pas agir dans le moment présent. En tirant cette carte, vous allez réaliser que découvrir et atteindre cet état de paix intérieure ne peut se vivre que dans le présent.

La paix, c'est cet état où l'on ne veut, ni ne désire plus rien parce que l'on a tout. Il vous appartient d'affirmer ce choix à chaque instant. En le décidant, vous lâchez en même temps tous vos jugements et opinions, tous vos attachements et aversions. Que préférez-vous : préservez vos croyances et opinions, ou bien être en paix ?

Ce choix vous appartient.

En tirant cette carte, vous comprendrez alors qu'en vous apportant cette paix intérieure, la paix sera aussi autour de vous et dans le monde, car le monde est votre reflet.

Cette carte, « Je choisis la paix et la liberté », est le phare qui éclairera votre chemin.

La paix commence avec moi.
Mornah Simeona

Biographie des auteurs

Marieli Hurtado-Graciet

Marieli Hurtado-Graciet, originaire d'Espagne, est arrivée en France à l'âge de 23 ans. Elle a occupé un emploi de cadre administratif et financier pendant quinze ans. En 2003, une série d'évènements l'ont conduite à effectuer des changements dans sa vie. Elle a alors amorcé un revirement total et a quitté son ancien métier pour se consacrer entièrement à la guérison, au développement personnel et à la spiritualité. Praticienne en PNL, en EFT et autres techniques psycho-énergétiques, elle anime maintenant des conférences et des ateliers en France et à l'étranger sur des sujets tels que l'EFT, le lâcher-prise, le pardon et Ho'oponopono. Sites personnels :

www.mercijetaime.fr
http://eft-facile.eklablog.com

Jean Graciet

Jean Graciet est praticien en PNL, en hypnose Ericksonienne et spécialiste dans la recherche du sens des symptômes et des maladies. Il anime des conférences et des stages sur les thèmes de la relation, de l'évolution individuelle et de l'éveil des consciences. Depuis 2010, il se consacre principalement, en compagnie de Marieli Hurtado-Graciet, à la diffusion du message de « Ho'oponopono, un chemin vers la conscience », à travers des conférences, des stages, des cds audio et ce jeu de cartes. Ses sites :

www.eveiletsante.fr
www.mercijetaime.fr

Des mêmes auteurs

L'EFT

Dr Luc Bodin & Marieli Hurtado-Graciet

Découvrez L'EFT, une technique de libération émotionnelle qui combine les principes de la médecine traditionnelle chinoise (dont l'acupuncture) et les découvertes des neurosciences et de la PNL. L'EFT est simple, efficace et ludique, sans contre-indications, ni effets indésirables. Amusez-vous bien !

144 pages • Prix : 8,70 €

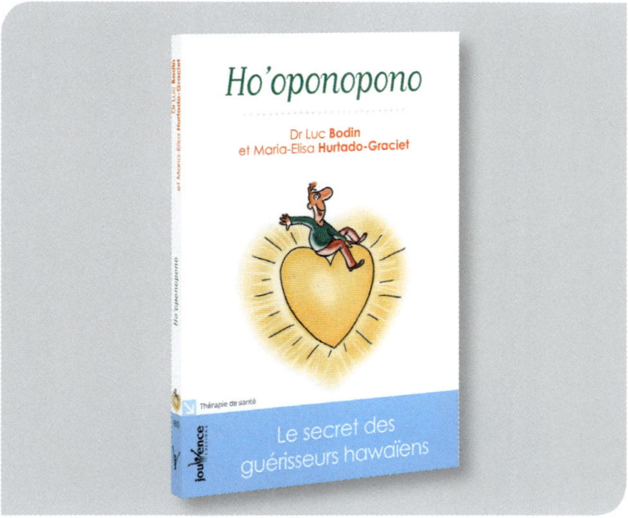

Ho'oponopono
Dr Luc Bodin & Marieli Hurtado-Graciet

Ho'oponopono nous enseigne que tout ce qui arrive dans notre vie est la conséquence de mémoires et de programmes inconscients qui sont en nous et nous emprisonnent dans un monde teinté de souffrances. Si nous apprenons à nettoyer ces mémoires, les problèmes se transforment en leviers favorables à notre évolution et nous réintégrons ainsi notre véritable identité.

144 pages • Prix : 8,70 €

Le grand livre de Ho'oponopono
Dr Luc Bodin, Nathalie Bodin, Jean Graciet
Préface de Marieli Hurtado-Graciet

Ho'oponopono nous fait comprendre que tout ce qui arrive dans notre vie n'est que la conséquence de mémoires et de programmes inconscients qui nous emprisonnent dans un monde de souffrances. En nettoyant ces mémoires grâce à Ho'oponopono, les problèmes se transforment en leviers favorables à notre évolution et nous réintégrons ainsi notre véritable identité.

192 pages • Prix : 16,90 €

Cliquez bien-être !
www.editions-jouvence.com
Des auteurs
Experts
naturopathie
nouvelle parentalité
500 ouvrages de référence
CNV
psychologie positive
ho'oponopono
Des coups de cœur
à lire absolument
Plus de 75 nouveautés
chaque année
Des livres à prix doux
Feuilletez le catalogue en ligne !
⇨ Des newsletters
⇨ Des bons plans
⇨ Des surprises pour vous
info@editions-jouvence.com
© pace et © Beboy

Imprimé en Chine
Dépôt légal : Octobre 2012